Ouvrage collectif réalisé par Losange
avec la participation d'Emmanuelle Dal'Secco

ISBN : 978-2-8160-0885-2
N° d'éditeur : 8160
Dépôt légal : février 2016

Achevé d'imprimer : janvier 2016
Imprimé en Chine par Toppan Leefung

LE GOLDEN RETRIEVER

Emmanuelle Dal'Secco

ARTÉMIS
ÉDITIONS

Sommaire

Introduction

Chien en or, médaille d'argent !

Le golden, c'est un peu la star du moment. Il s'octroie la troisième place en nombre de naissances en France, derrière l'indétrônable berger allemand et le berger belge, mais devant son cousin retriever, le labrador. C'est la race la plus présente dans le monde avec deux pays de prédilection, la Grande-Bretagne, son pays d'origine, et les États-Unis, où il est depuis longtemps répandu comme animal de compagnie. En France, il était quasi inconnu au début des années 1980, mais le golden connaît un formidable engouement depuis plus d'une vingtaine d'années. Un chien très photogénique, que la publicité et le cinéma ont largement mis à contribution. Cet impact médiatique a engendré une véritable frénésie jamais démentie. Au rythme où vont les choses, les oracles du LOF (Livre des origines français) lui prédisent même la première place d'ici trois ou quatre ans, face au berger allemand dont les effectifs ont connu une baisse (14 309 en 1995 et 10 971 en 2005), puis une petite reprise (11 192 en 2014). Mais comme en témoigne son nom, le golden est un chien « en or » qui mérite bien, à l'avenir, une médaille d'or !

Identité

Golden retriever

◆ **Autre appellation :** retriver doré.

◆ **Les 350 races reconnues dans le monde** sont classées, selon leur type morphologique et leurs fonctions, dans une nomenclature établie par la Fédération cynologique internationale qui comporte dix groupes. Le golden fait partie du 8e groupe, celui des « chiens rapporteurs de gibier, leveurs de gibier, chiens d'eau », au même titre que les cinq autres races de retrievers, mais aussi que le cocker, le welsh springer spaniel, le barbet, le chien d'eau portugais, ou une race encore moins connue, le lagotto romagnolo (un débusqueur de truffes !).

◆ **Le standard de la race** est géré officiellement par le Retriever club de France, qui compte six races de retrievers à son actif et environ 1 500 membres au total. Mais en parallèle, les passionnés de golden créent, en 2001, l'Amicale des amateurs de golden retriever (AAGR). Ils sont aujourd'hui 500 maîtres à s'impliquer pour assurer la notoriété de leur race fétiche.

◆ **On estime la population de** goldens vivant aujourd'hui en France à près de 50 000 ! Un boom extraordinaire puisque les naissances sont passées de 2 288 en 1995 à 7 849 en 2005 (contre 8 120 pour le labrador en 1995 et 7 294 en 2005), pour atteindre 8 826 en 2014 (7 277 naissances pour le labrador).

Standard de la race

Voici le standard officiel du golden retriever,

publié par la Fédération canine internationale (FCI).

- **Aspect général :** chien harmonieux, bien proportionné, actif, puissant, bien uni dans ses allures, de constitution robuste, à l'expression empreinte de douceur.
- **Couleur :** n'importe quel ton or ou crème. Ne doit être ni rouge ni acajou. On admet la présence de quelques poils blancs uniquement au poitrail.
- **Allure - Mouvement :** allures énergiques, avec beaucoup d'impulsion. Les membres antérieurs et postérieurs se déplacent dans un plan parallèle à l'axe du corps. L'enjambée est longue et dégagée, sans aucune tendance à relever les antérieurs.
- **Défauts :** tout écart par rapport à ce qui précède doit être considéré comme un défaut qui sera pénalisé en fonction de sa gravité.
- **Caractéristiques :** docile, intelligent, naturellement doué pour le travail.
- **Tempérament :** doux, amical et sûr de lui.
- **Poil :** le poil est plat ou ondulé avec de bonnes franges. Le sous-poil est serré et imperméable.
- **Queue :** attachée et portée au niveau du dos. Elle atteint le jarret. Elle ne s'enroule pas à l'extrémité.
- **Pieds :** ronds, pieds de chat.

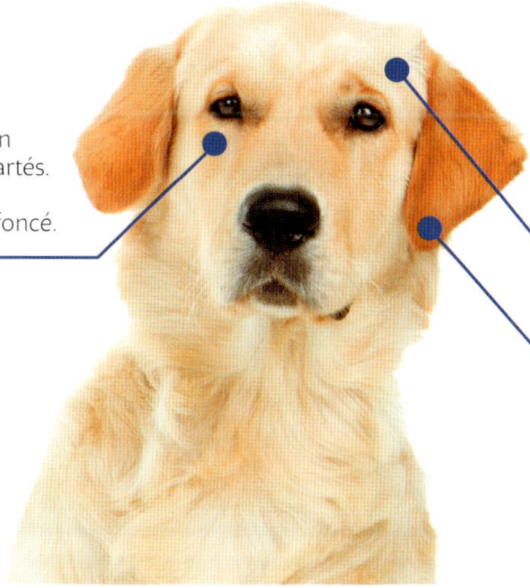

▪ **Yeux :** marron foncé, bien écartés. Le bord des paupières est foncé.

▪ **Tête et crâne :** tête bien proportionnée et bien ciselée. Crâne large sans être lourd. Museau puissant, large et haut. La truffe est noire de préférence.

▪ **Oreilles :**de taille moyenne et attachées à peu près au niveau des yeux.

▪ **Taille :**
Hauteur au garrot :
Mâle de 56 à 61 cm. Femelle de 51 à 56 cm.

▪ **Poids :**
Mâle de 26 à 31,5 kg. Femelle de 25 à 27 kg.

▪ **Mâchoires :** les mâchoires sont fortes. Les incisives supérieures recouvrent les inférieures dans un contact étroit et sont implantées bien d'équerre par rapport aux mâchoires.

▪ **Corps :** poitrine bien descendue dans la région sternale. Les côtes sont bien descendues et bien cintrées. Ligne du dessus horizontale.

▪ **Cou :** de bonne longueur, net et musclé.

▪ **Avant-main :** les membres antérieurs sont droits ; ils ont une bonne ossature. Épaules bien obliques. Les coudes sont bien au corps.

▪ **Arrière-main :** le rein et les membres postérieurs sont forts et musclés. Les jambes sont solides et les grassets sont bien angulés. Les jarrets sont bien descendus ; ils ne tournent ni en dedans ni en dehors.

Couleurs & modèles

N'allez surtout jamais dire que le golden est un labrador à poil long ! Certes, ils appartiennent à la même famille et tous deux s'offrent une cote en or, mais les comparaisons s'arrêtent là.

Si le labrador se décline sur une large gamme de couleurs, le golden fait dans la nuance : de l'or au crème, mais sans n'être jamais ni blanc (comme le samoyède) ni rouge ou acajou (malgré un apport présumé de setter irlandais lors de la création de la race), des couleurs totalement proscrites par le standard. Le golden retriever se doit de respecter son nom, « golden », qui signifie « doré », une appellation qui ne s'est d'ailleurs réellement imposée que vers 1910. Chasseur avant tout, il doit se dissimuler sous une robe discrète pour se fondre dans les marais. Bien peu se seraient en effet risqués à chasser le canard avec un chien trop blanc, donc facilement repérable, au point que l'on demande même aux chasseurs qui ont les cheveux clairs ou blancs de porter un chapeau ! Chez le golden, on admet la présence de quelques poils blancs, mais uniquement sur le poitrail.

Quels sont ses points forts et ses points faibles ?

Intelligent (mais c'est à double tranchant !).

Extrêmement polyvalent.

Très affectueux avec les enfants.

Particulièrement amical avec tous ceux qu'il croise.

Très complice avec les autres chiens.

Aboie peu, uniquement pour prévenir d'une présence inhabituelle.

Mémoire remarquable.

Têtu donc parfois difficile à éduquer.

Déteste la solitude.

Dysplasie des hanches et tares oculaires (cataracte héréditaire et atrophie progressive de la rétine, appelée PRA).

Tendance au grignotage.

Tendance à l'embonpoint (moins que le labrador).

Ses cousins

Le golden appartient à la famille des « retrievers », au même titre que le labrador, mais aussi quatre races d'origine britannique ou nord-américaine, assez peu répandues, voire totalement méconnues en France.

Dans la famille « retriever », on compte six races (golden et labrador en tête), réunies dans une même association : le Retriever club de France. Malgré de grandes disparités physiques, tous ces chasseurs dits « d'eau » sont réunis sous une même bannière, celle des « chiens rapporteurs » (en anglais, *to retrieve* signifie « rapporter »).

Une assimilation qui se fait donc davantage sur la façon de travailler que sur le standard. En effet, selon la race, les retrievers empruntent aussi bien leur physionomie au terre-neuve qu'au setter. Le labrador reste néanmoins le cousin morphologiquement le plus proche du golden. Seul point commun indiscutable entre tous : un goût immodéré pour l'eau ! Drôle de famille avec des physionomies et des histoires parfois singulières...

Le curly coated (ci-contre) offre un look plutôt insolite,

au point que certains osent le comparer à une brebis ! Ce chien, qui revêt un poil tout frisé (poil d'astrakan), à mi-parcours entre l'épagneul et le caniche, déclenche un enthousiasme modéré dans nos contrées, puisqu'il n'a enregistré que 5 naissances en France en 2014.

Le chesapeake bay (6 naissances en 2014) possède, quant à lui, des origines lointaines plutôt obscures. En 1807, un bateau anglais s'échoua près des côtes du Maryland (États-Unis). Un navire américain se porta à son secours. À bord se trouvaient deux chiots de Terre-Neuve qui furent récupérés par l'équipage et offerts aux familles de l'île. Dressés à rapporter le canard lors des chasses, ils furent croisés avec différentes races de travail de la baie de Chesapeake, parmi lesquelles se trouvaient probablement des femelles retrievers à poil plat ou bouclé.

Le flat coated (275 naissances en 2014) est probablement né de l'autre côté de l'Atlantique. La pêche à la morue exigeait un auxiliaire capable d'aller rechercher dans une eau glaciale le poisson échappé ou prisonnier des mailles des filets. Mais c'est évidemment le fruit de la sélection des chiens de chasse opérée par les Britanniques au XIXe siècle qui a permis de fixer la race et de façonner son modèle, à poil ondulé, noir ou marron.

Le nova scotia duck tolling (68 naissances en 2014) a volontairement l'aspect d'un renard (photo en médaillon). En effet, les oiseaux d'eau (*duck* signifie « canard ») montrent souvent une curiosité à l'égard de ce dernier. Les chasseurs, puis les éleveurs, ont alors favorisé la ressemblance de ce « chien leurre » pour attirer le gibier dans leurs filets ! Il a également la particularité d'avoir au bout de la queue une « flèche blanche » qui permet au chasseur de le distinguer dans les herbes hautes.

Histoires de golden

Histoire
des sous-bois au salon

En matière de généalogie, comme pour la plupart de ses congénères, le golden retriever baigne dans une relative incertitude, façonnée par les fantasmes. Plus d'un siècle d'histoire qui se raconte au fil des légendes...

À nouveau chasseur, nouveau chien

Le milieu du XIXe siècle s'avère propice à l'apparition d'un chien « nouveau ». En effet, l'évolution des techniques de chasse et le perfectionnement des armes à feu imposent de nouvelles habitudes et donc de nouveaux partenaires. Les chiens leveurs de gibier, souvent des chiens d'arrêt, ne permettent plus de faire face à ces besoins. Partant du principe que, malgré des armes de plus en plus perfectionnées, les oiseaux ne sont pas systématiquement abattus net, il devient nécessaire de développer une race capable de retrouver et de rapporter les blessés. Ainsi naissent les « retrievers », du verbe anglais *to retrieve*, qui signifie « rapporter » ! Les gentlemen de Grande-Bretagne se mettent à l'ouvrage, mêlant les nombreuses lignées de chiens d'arrêt d'origine britannique (pointer, setter...) à des races locales qui se sont illustrées dans le travail à l'eau, notamment les tweed water spaniels, race aujourd'hui disparue. Ces chasseurs très british mêlent leur sang à celui de leurs compères d'outre-Atlantique, descendants des premiers chiens importés par les émigrants.

Né de la légende

Mais qu'en est-il du golden ? On peut prétendre, sans trop se tromper, qu'il est probablement issu de la même souche que le labrador, améliorée par des croisements successifs, notamment avec des retrievers à

poil plat jaune venant de Terre-Neuve, des setters irlandais ou des spaniels d'eau d'Écosse. Mais il existe d'autres versions. Selon la légende, des chiens jaunes du Caucase furent utilisés en Écosse pour rapporter le gibier blessé. On les appela *russian yellow retrievers* (les retrievers jaunes de Russie). Ils auraient été retrempés avec du bloodhound pour donner naissance au golden retriever.
La troisième version fut colportée par Lord Tweedmouth, un gentleman écossais qui vécut au XIXe siècle et que l'on considère comme le « maître fondateur » de la race. Cet homme richissime avait une grande passion pour l'élevage. Son cheptel comptait des bovins, des poneys et des chevaux, ainsi que des chiens, afin de satisfaire son goût pour la chasse. On prétend qu'en 1865, il reçut, en paiement de la dette d'un cordonnier de Brighton, le premier retriever jaune, nommé Nous, le seul d'une portée noire de wavy coated retriever. La station balnéaire de Brighton, sur la côte sud de l'Angleterre, est aussi un port pour les bateaux pratiquant la pêche au large de Terre-Neuve. Des chiens locaux avaient peut-être traversé l'Atlantique lors d'échanges commerciaux...

« Nous » est ensuite accouplé avec Belle, une tweed water spaniel de couleur foie. C'est probablement ainsi que naît, en 1868, la première portée d'une lignée qui donnera un jour naissance au golden retriever. Lord Tweedmouth s'emploie alors à sélectionner un chien qui convient à merveille à ses exigences de gentleman chasseur. Au fil des accouplements, mêlant les modèles, les robes et les couleurs, cet homme d'expérience façonne une race à son image. Chiots noirs, chiots jaunes, étalon setter... Un cocktail talentueux jusqu'à son décès en 1894. C'est grâce à son minutieux travail de sélection que la race a trouvé son identité et a connu un si bel essor.

Un siècle de succès

Tout au long de ces années, Lord Tweedmouth reporta scrupuleusement tous les accouplements dans son livre des origines, document conservé par le Kennel Club anglais et rendus publics en 1960. En 1903, ce dernier accepte l'enregistrement des premiers individus dans la variété golden. Le Golden Retriever Club of England voit le jour en 1911, et le « chien à la robe d'or » est enfin reconnu comme race à part entière. Il faudra attendre plus de vingt ans pour que le bel animal traverse la Manche : il est présenté à Paris en 1925, à l'occasion de la 51e exposition canine. Le premier standard de 1911 n'est plus celui qui est appliqué de nos jours. Il a subi de nombreuses refontes pour obtenir un « pedigree » définitif en 1936. La race désormais fixée connaît un engouement sans précédent, surtout auprès des chasseurs. Déjà à l'époque, la publicité s'empare de ce symbole, efficace sur le terrain, mais surtout particulièrement séduisant et sympathique. Ce n'est que bien plus tard, dans les années 1980, que le golden change de cap et s'installe dans les familles. Des sous-bois au salon, il n'a jamais cessé de faire sensation, et le troisième millénaire semble vouloir signer son apogée !

Bête de scène ?

L'origine du premier golden suscite bien des polémiques ! Aux cotés de la version « presque » officielle, s'est répandue une histoire aussi romantique qu'incertaine, mais qui concourt à la légende de la race. En 1858, Lord Tweedmouth, un jeune noble écossais, assiste à une représentation de cirque dans la station balnéaire britannique de Brighton. Émerveillé par le numéro réalisé par de grands chiens jaunes provenant du Caucase, il décide d'acheter deux d'entre eux. Leurs maîtres refusent fermement de céder leurs « artistes ». Mais une somme coquette achève de les convaincre. Et c'est finalement l'ensemble de la troupe, soit huit chiens et chiennes, qui prennent la route de l'Écosse. Grâce à ses traqueurs russes, Lord Tweedmouth entreprend de créer sa propre race, ne faisant appel à de nouveaux chiens importés pour varier les courants de sang que beaucoup plus tard, vers 1880. Cette légende reste intacte, mais personne n'a jamais pu attester la véracité de ces propos, ni même retrouver la trace de ces chiens jaunes venus du Caucase. On suppose que Lord Tweedmouth n'a répandu cette « fable » que dans le seul but d'égarer ses rivaux éventuels et de garder la « recette » du golden pour lui seul !

Insolites

Très jet-set

Ce chien star séduit aussi les stars, signe jet-set, ascendant sportif ! On le voit aux côtés d'Amélie Mauresmo (joueuse de tennis), de Raphaël Ibanez (joueur de rugby) ou encore de Claude Chirac (la fille du président).

Un mariage made in USA

Pamela Anderson, activiste de longue date de l'organisation PETA, a toujours revendiqué son amour pour les animaux, au point d'organiser le « mariage » de son golden retriever, Star, et de son chihuahua, Luca, sur une plage de Malibu, en Californie. La star américaine a porté Luca jusqu'à l'autel, tandis que Star suivait dans l'allée centrale de la nef, sous le regard d'une vingtaine d'invités. Le « couple » fut couvert de cadeaux, notamment des couvertures de cachemire et des chandails en angora !

Le golden, ce héros

En 2002, le livre *Guiness des Records* inscrit dans ses colonnes le nom du chien le plus célèbre du monde. Il s'agit de Bear, un golden retriever qui s'est illustré lors du sauvetage du World Trade Center après les attentats du 11 septembre 2001, à l'instar des 300 chiens sauveteurs qui ont participé aux recherches. Mais ce chien de 12 ans a une particularité qui a ému les médias. L'assurance qui couvrait ses soins médicaux, *Veterinary Pet Insurance* (VPI), avait offert une police gratuite à tous les chiens sauveteurs pendant un an. Mais quelques mois plus tard, elle refusa de couvrir les soins de Bear, sous prétexte qu'ils étaient liés à son âge. Il fallait débourser 3 000 dollars ! La presse s'est emparée de l'affaire et sous la pression médiatique, le président du VPI a finalement fini par signer le chèque ! Ce héros populaire souffrait d'arthrite et d'une infection cancéreuse, courantes chez les chiens âgés, mais certainement accentuées par ces trois mois de recherches sur Ground Zero. Bear s'est éteint le 23 septembre 2002.

Super star

Le golden est une superstar qui, depuis quelques années, s'empare des écrans. Zoom sur sa vie d'artiste, côté scène...

Une célèbre marque de café en a fait son « égérie » ; une grande chaîne de distribution l'affiche dans un casting très famille, et les céréales se vendent bien mieux quand un charmant bambin partage sa ration avec son sympathique golden. Et plus blanc que blanc, le bébé golden s'impose naturellement pour vanter les mérites d'un « Monsieur » détergeant. Ce chien superstar est largement convoité dans les scénarios, au point de s'octroyer parfois le haut de l'affiche. Dans *L'incroyable voyage*, le golden Shadow et deux compères décident de s'enfuir du domicile où ils étaient en pension pour retrouver leurs maîtres. Dans leur périple, ils doivent traverser des montagnes hostiles et sauvages et affronter de nombreux dangers. Quant à Air Bud, star des paniers, il est le golden fétiche, made in Disney. Josh a 12 ans et s'entraîne seul au basket depuis la mort de son père. Sur un terrain désaffecté, il trouve un jour un chien abandonné, l'adopte, et découvre qu'il sait jouer au basket. Le chien Buddy va vite devenir mascotte de l'équipe et star du basket, jusqu'au jour où sa renommée incite l'ancien propriétaire à récupérer son chien. Le golden est une superstar, sans les caprices !

« Ce chien superstar est largement convoité dans les scénarios. »

Enfin, dans le long-métrage d'animation *Là-haut*, sorti en 2009, on fait la connaissance de Doug, un golden retriever qui parle comme un humain, grâce à un collier technologique.

Portrait d'un champion

À l'origine sélectionné pour la chasse, le golden retriever a su se rendre indispensable dans bien des domaines et endosse aujourd'hui de multiples panoplies.

Chasseur avant tout

N'en déplaise à son look de dandie raffiné, le golden retriever a avant tout été créé pour devenir un chasseur. Jusque dans les années 1980, il est employé principalement comme chien de chasse, en renfort, faisant équipe avec les pointers et les setters. Résistant, vigoureux, actif, doté d'un excellent nez, il travaille à l'eau comme au fourré. Il a pour vocation de rapporter le gibier d'eau sans pour autant le blesser ou le tuer. C'est un pisteur tenace. Cette aptitude à la chasse a favorisé le développement

« Le golden retriever a su se rendre indispensable dans bien des domaines. »

d'un chien pourvu de grandes qualités physiques et mentales : avoir bien sûr « du nez », mais aussi un physique puissant avec une musculature qui lui permet d'endurer de longues journées de chasse. Il se montre surtout particulièrement équilibré et « bien dans sa tête », calme, attentif, discipliné, avec une bonne dose d'intelligence pour assimiler les ordres. Ces qualités sont régulièrement mises à l'épreuve à l'occasion de concours de chasse, appelés field trials, qui permettent de mettre en valeur l'instinct et le dressage des chiens. Même si la plupart des goldens ne vont plus à la chasse, ils ont conservé dans leurs gènes ces qualités intrinsèques et de leurs séjours dans les marais, un goût parfois excessif pour l'eau, même froide !

Secouriste en or

Si, à l'aube du XXe siècle, on ne voit plus guère ce chasseur à la robe dorée dans les sous-bois, il a su se faire une place en or dans bien d'autres domaines. Chien de décombres, de recherche de drogue ou de bombes, d'avalanche, mais aussi chien guide d'aveugle, d'assistances aux malades ou personnes handicapés... Un CV en or pour ce partenaire qui fait preuve de génie autant que de générosité. Son flair le prédestinait logiquement aux actions de « chasse » au sens élargi du terme. Il excelle dans la détection de narcotiques, surtout dans les pays anglo-saxons ou au Japon. En France, sa collaboration s'avère plus timide, laissant la place à un collègue de choc, le labrador. Chien de décombre, il officie à la suite de tremblements de terre pour retrouver les victimes enfouies. De nombreux goldens se sont illustrés à la suite des attentats contre le World Trade Center, au point de recevoir, en guise d'hommage, une caresse de main de président.

Au service des hommes

Le golden ne se contente pas de mettre son flair à contribution. Son dévouement sans limite en a également fait une recrue appréciée par les sauveteurs en mer. Il a l'eau dans les gènes et s'y jette sans sourciller. Il est capable de nager sur des longues distances pour ramener les naufragés sur la rive.

C'est également un partenaire apprécié par les adeptes de la « Pet therapy » (thérapie avec les animaux). Aux États-Unis, ce concept est particulièrement répandu et de nombreuses associations se rendent avec des chiens dans des établissements de soins ou des maisons de retraite pour tenter de créer un lien avec les patients âgés ou malades. Il est aussi souvent employé comme chien guide d'aveugle.

L'association Handichien, quant à elle, entreprend d'éduquer des goldens dès le plus jeune âge afin de les confier, à partir de 18 mois, à des personnes handicapées. Ouvrir une porte, aller chercher un objet, tendre un porte-monnaie au comptoir, aboyer en cas de danger... Ils deviennent à la fois une compagnie et une aide indispensable pour ceux qui souffrent de handicap. Un chien au service de l'homme ! Aux États-Unis, on a d'ailleurs surnommé le golden retriever *Will to please*. Pour vous servir !

Côté sport

Pour l'instant en France, les compétences du golden sont essentiellement orientées vers les expositions de beauté et les épreuves de travail, ou field trials. Mais côté sport, ce champion a bien d'autres atouts et fait sensation... en toute saison !

Des concours d'agility ont lieu depuis trois ans dans le cadre de la Nationale d'élevage. Par jeu, le golden semble prendre goût à ce type d'activité, mais s'avère en général moins rapide que d'autres races.

C'est un golden qui a été trois fois de suite champion de France de sauvetage en mer, ravissant la médaille aux terre-neuve, pourtant champions en la matière !

Le golden s'illustre parfois brillamment dans des concours insolites, comme « l'obérythmée » (contraction d'obéissance rythmée), sorte de reprise chorégraphique en musique qui permet de mettre en valeur l'harmonie entre le maître et son chien. Cette discipline sportive à part entière n'est pas encore reconnue en France, mais connaît un immense succès en Belgique, aux États-Unis ou en Angleterre. www.obe-rythmee.com

On aurait du mal à l'imaginer dans la peau d'un équidé, et pourtant le golden sait aussi tirer son maître à l'occasion de courses de « ski-joëring ». Cette discipline venue des pays nordiques, qui connaît un bel engouement auprès des cavaliers, peut aussi être pratiquée avec un chien. Le principe ? L'animal, muni d'un harnais, tracte un skieur sur un slalom.

Vivre avec son golden

Il nous fait craquer

Ils ont craqué pour ce retriever doré... Quatre histoires, quatre portraits de ces maîtres contaminés par le virus golden et qui, pour rien au monde, ne souhaiteraient en guérir...

Hélène Reynier, membre du comité du Retriever club de France et éleveuse amateur.

« J'aime ce chien pour son tempérament inattendu. »

« Dans ma famille, on est dans le retriever depuis 80 ans. Mon premier contact avec le golden, en l'occurrence celui de ma tante, c'était il y a 60 ans : j'avais 4 ans et je suis tout bêtement montée sur son dos. Bien des années plus tard, mes filles me harcelaient pour avoir un chien, et mon choix s'est naturellement porté sur cette race. À l'origine, je voulais un chien pour accompagner mon mari à la chasse. Mais avec le temps, je suis tombée dans le chaudron des concours, puis nous avons pris une femelle et notre "petite famille" a bien grandi. Nous avons eu jusqu'à cinq chiens et tous sont des descendants de nos deux premiers goldens.
J'aime ce chien pour son tempérament inattendu, à la fois clown et câlin, mais aussi pour son désir intrinsèque de faire plaisir. Ce sont des chiens qui ont un sens inné de l'assistance à leur maître. »

Pierrick, un jeune maître en fauteuil roulant.

« Depuis trois ans, je partage ma vie avec Taran. J'ai 13 ans et je me déplace en fauteuil roulant. C'est pourquoi j'ai bien du mal à accomplir certains gestes de la vie quotidienne. Après deux ans et demi d'attente, l'association Handichien m'a confié ce précieux copain. Mon chien a changé ma vie. Il aboie pour prévenir mes parents lorsque je tombe de mon fauteuil, va me chercher mes affaires, ouvre les portes... Il sait même enlever mes chaussettes en tirant dessus et allumer la lumière. Maintenant, je n'ai plus peur de rester seul à la maison. Le soir, il vient se coucher dans mon lit et je lui confie mes petites histoires.
Il m'accompagne partout : à mon club de photo, au cinéma, au restaurant et même au supermarché. Avec lui, pas de souci, il a été éduqué à la propreté. Je dois rester son seul maître et de ce fait mes parents et mes frères n'ont pas le droit de le toucher. Alors comme ils étaient trop frustrés de ne pouvoir le caresser, ils viennent d'adopter un cavalier king charles. Ça c'est super bien passé et Taran s'entend à merveille avec lui. »

« Mon chien a changé ma vie. Maintenant, je n'ai plus peur. »

Chantal Charlot, présidente de l'Amicale des amateurs de golden retrievers.

> *« Quand un golden a accepté de mettre ses yeux dans les vôtres, la terre peut s'arrêter de tourner. »*

« Je suis tombée dans le golden il y a 25 ans. J'ai été séduite par ce chien à la fois rustique et esthétique. J'en ai eu dix au total, et jusqu'à cinq en même temps. Je n'ai jamais eu d'autres races, car lorsqu'on a goûté au golden, il est difficile de s'en passer. Ce qui me séduit chez lui, c'est son poil soyeux et surtout ce caractère très spécial. Une fois la relation installée, c'est un chien qui vous fait une confiance aveugle. Il est capable de parler avec ses yeux et nous arrivons à communiquer avec le seul regard.
Il m'est arrivé, sur des concours de travail, de mener mon chien sans une seule parole. Quand un golden a accepté de mettre ses yeux dans les vôtres, la terre peut s'arrêter de tourner. »

Famille Dugué, tous comblés !

« Usi est arrivée dans notre famille il y a trois ans. Elle nous a été donnée par un couple qui divorçait. Elle avait 18 mois. J'ai un peu cédé sous la pression de ma fille aînée, Estelle, 11 ans, qui me harcelait pour avoir un chien depuis plusieurs années.
Dans les premiers temps, Usi semblait un peu apeurée par les hommes, mais elle a pourtant fini par s'habituer à mon mari, au point qu'il est devenu son maître. Elle le suit partout dans la maison et ils partent ensemble courir en forêt.
Avec les enfants, c'est plutôt le jeu, mais Usi apprécie davantage Estelle, qui se montre tendre et câline, que Laura, qui a un caractère un peu plus dynamique !
Moi, j'assure l'entretien. Pas toujours facile avec un golden, car son grand plaisir c'est de revenir noire de crasse après la balade et de se rouler dans les crottins des chevaux. Et pourtant, au départ, je ne suis pas très « chien », mais je prends plaisir à la brosser ou à la sortir… quand elle y consent, car Usi, qui n'a pourtant que 4 ans, est plutôt d'un tempérament "mémère". Je la mets dans le jardin et elle reste assise sur le devant de la porte. Cracra mais tranquille ! »

« Son plaisir : revenir noire de crasse après la balade. »

Tel maître / tel chien

Existe-t-il un stéréotype du « maître golden » ? Pour le savoir, nous avons dressé le portrait de propriétaires fictifs, avec des motivations diverses. Bon pour le golden ou pas, voici le verdict !

Vous êtes les parents de deux charmants bambins.

Ça roule ! Le golden est le chien des familles par excellence, mais la cohabitation avec de jeunes enfants suppose d'éviter les sujets dominants (l'éleveur sait à priori les repérer) et une éducation ferme s'impose pour qu'il apprenne à respecter chaque membre de sa nouvelle famille.

Vous êtes une jeune starlette élégante.

Le golden, beau brin plutôt séduisant, a longtemps été perçu comme un faire-valoir, le symbole du chic et du bon goût. Un snobisme un peu forcé, façon golden attitude ! Mais aujourd'hui, en devenant l'apanage des familles, il s'est considérablement démocratisé. Le bijou précieux s'est mué en mascotte sympathique.

Vous êtes un vigile en quête d'un acolyte qui assure côté sécurité.

Pas la peine d'y songer ! Ce « chasseur » ne ferait même pas de mal à un canard, il se contente de le ramener une fois blessé. Alors imaginez le sympathique, toute queue battante, faisant une fête d'enfer à tous les brigands pris en flagrant délit. Non, le golden n'a assurément pas le tempérament d'un chien de garde. C'est une certitude !

Vous êtes un couple de retraités en quête de compagnie.

Oui, avec quelques précautions. Le golden est en effet un chien parfaitement sociable et aimant. Mais avec près de 40 kg sur la balance, mieux vaut être en mesure de maîtriser la bête. Il a besoin en outre de se dépenser et devra donc pouvoir évacuer quelques calories à l'occasion de sorties. Gageons que les seniors sont aujourd'hui suffisamment dynamiques pour suivre la cadence !

Vous êtes un jeune cadre très dynamique, façon golden boy.

N'en déplaise aux similitudes d'appellation, oubliez le golden ! C'est un chien hypersensible et hypersociable, qui ne supporte pas la solitude. Laissé seul, il compense son ennui comme il peut, à l'occasion repense la décoration de votre salon en dégustant tout ce qui est à sa portée (tapis, plâtres, plantes, portes en bois...). Son ennui affecte également son mental et peut aussi engendrer des problèmes de peau ou de dermites.

> « Le golden est en effet un chien parfaitement sociable et aimant. »

Le chiot golden

Tout nouveau, tout beau ? Adopter un chiot ne s'improvise pas : vous en prenez pour 15 ans ! Pour être certain de faire l'acquisition d'un golden retriever dans de bonnes conditions, voici quelques conseils...

L'âge idéal (et surtout légal) pour acquérir un chiot se situe entre 8 et 9 semaines. Dès l'achat, il est préférable de le soumettre à une visite d'inspection chez un vétérinaire. Il doit être tatoué et avoir reçu une primovaccination à l'âge de 7 ou 8 semaines pour les trois maladies garanties par la loi : maladie de Carré, parvovirose et hépatite. Il doit subir un rappel quatre semaines après, et mieux vaut éviter de le sortir avant qu'il ne soit totalement vacciné. À 2 mois, un mâle golden pèse déjà entre 6 et 7 kg, et une femelle entre 5 et 6 kg ! Il atteint sa taille maximale vers l'âge de 1 an. Question mental, la maturité intervient plus tard, après 3 ans ! Mais la plupart des propriétaires prétendent que leurs chiens gardent leur caractère de chiot toute leur vie.

L'acquisition de la propreté n'est pas une tâche ardue, même si les choses se compliquent un peu avec le chiot élevé sur le béton ou le carrelage, qui souille celui de la cuisine en toute légitimité. La capacité de réserve d'un chiot est d'environ 20 à 30 minutes, il faut donc le mettre dehors à intervalle régulier, en le félicitant pour chaque goutte répandue sur l'herbe !

Limite surdoué ?

En matière d'éducation, le plus urgent à instaurer, c'est le rappel au pied et la marche en laisse, une habitude pas vraiment inscrite dans ses gènes de compagnon de chasse ! Contrairement au chien de berger, qui marche au pied, le golden a pris naturellement l'habitude de vaquer devant son maître, en attendant le signal pour lui fausser compagnie et suivre sa piste. Les éducateurs considèrent que l'éducation de base peut être faite en une quinzaine de jours : le chien est propre, connaît son nom et obéit au rappel. Le golden fait preuve d'une grande polyvalence et d'une merveilleuse capacité d'adaptation. Bien pris en main et confronté à de nombreuses situations, il est capable de passer d'un week-end de chasse à une épreuve de beauté en prenant des airs de starlette sur le ring.

Exercice modéré

Même si l'élan de ce compagnon incite les nouveaux maîtres à répondre à son enthousiasme, mieux vaut, jusqu'à 10 ou 12 mois (en attendant que les os soient bien soudés), ne pas fatiguer le chiot avec des exercices physiques trop violents ou prolongés, par exemple éviter qu'il ne saute, ne se dresse sur ses pattes arrière ou ne monte de hautes marches. À l'inverse, il peut sans modération pratiquer la natation. Gène de nageur ne saurait mentir ! Un embonpoint maîtrisé (afin de ne pas user prématurément les articulations) et de l'exercice sans excès permettent au chiot de suivre une croissance harmonieuse, gage de qualité pour sa vie future !

Vrai ou faux ?

La plupart des races de chiens véhiculent bon nombre de clichés et d'idées reçues qui construisent, souvent à tort, leur image. Non, le beauceron n'est pas un chien d'attaque. Oui, le bouledogue français ronfle en dormant. Mais qu'en est-il du golden retriever ?

Depuis quelques années, les médias et l'engouement populaire pour cette race ont laissé supposer que ce « gros nounours » était un animal facile à vivre et à éduquer, une « crème » dans tous les sens du terme. Or il ne faut pas oublier qu'avant d'être un chien de compagnie, c'est surtout un chien de chasse, qui ne tardera pas à choisir entre son maître et l'odeur du gibier. En l'absence d'éducation, il suit derechef son instinct. Pour limiter les tentations, mieux vaut donc prévoir un espace parfaitement clôturé, ce qui n'empêchera pas cet expert en jardinage de retourner tout le terrain ou de déraciner les rosiers pour suivre la trace d'une souris des champs jusqu'au bout de la galerie. Pour remédier à ce défaut de fouineur, ne négligez aucune étape de son éducation. Mais encore faut-il le prendre en flagrant délit !

Son éducation

I*l a beau avoir une mine sympathique, le golden n'est pas pour autant un ange. Et sans une éducation appropriée, il peut se transformer en petit démon. Voici les points essentiels pour mener à bien son éducation.*

Le golden s'avère à la fois têtu et sensible : il faut donc savoir composer pour ne pas le braquer. Mais ce chantage éducatif ne doit pas dissuader le maître de faire respecter son autorité. Dans le cas contraire, il s'expose à un vent de galères ! « Vous le laissez une fois monter sur le canapé, explique une maîtresse avertie, et il essaiera toute sa vie. » La première semaine est décisive. Sans pour autant céder à la violence, il ne faut rien laisser passer et faire preuve d'une grande fermeté. Pas toujours évident !

Le site de l'Amicale des amateurs de golden retrievers est là pour en témoigner : dans la rubrique « Chiens à replacer », des maîtres dépassés confient l'objet de leur tourment à l'adoption. Il est parfois difficile, en effet, de venir à bout de ce chien particulièrement intelligent. Dans les premières heures qui suivent son arrivée, il est capable de prendre la mesure de sa nouvelle famille et de manipuler tout le monde. Mais un chien doit habiter chez son maître, et non l'inverse !

Méthode allemande : nicht !

En matière d'éducation, il y a un comportement rédhibitoire : l'excès d'autorité. Inutile de vouloir appliquer au golden la méthode « berger allemand ». Celui qui veut un chien « au pied » se méprend ! Si le golden est malheureux, il fugue pour trouver une nouvelle maison. Il aime l'humain avant tout et peut changer de propriétaire sans une once de culpabilité si « l'herbe est plus verte à côté ». « De la nourriture, un lit et des câlins suffisent à son bonheur, explique Karine Deswazière, éducatrice canine et éleveuse de goldens en Gironde. Alors si on lui propose ailleurs beaucoup d'amour,

il monte dans la voiture sans se retourner. C'est pourquoi il est si facile à voler ! » Un relatif « défaut » qui en fait néanmoins un chien particulièrement sociable.

Jamais seul

Il ne faut pas oublier que le golden retriever est avant tout un chien de chasse. Énergique, il peut néanmoins se résoudre à plus d'oisiveté, à une seule condition : il lui faut de la compagnie. S'il reste seul toute la journée, il usera de tous les stratagèmes pour tromper son ennui, quitte à dévaster le salon ou transformer le jardin en champ de mines ! Malgré tout, la majorité des goldens confrontés à une solitude limitée la supportent plutôt bien, à condition d'y avoir été préparés dès les premiers jours de l'adoption. « La plupart des maîtres adoptent un jeune chiot au printemps, s'en vont en vacances, et ne le laissent seul à la maison qu'au moment de la rentrée, en plein pendant la crise d'adolescence, continue l'éducatrice. Et là, sans acclimatation précoce, gare aux dégâts ! » Après 48 heures d'adaptation, il faut donc prendre les choses à bras le corps, consentir à s'absenter quelques moments, en restreignant l'espace mis à sa disposition (une petite pièce de 3 m^2, une buanderie ou éventuellement un parc à chien) pour qu'il n'ait pas tendance à prendre possession des lieux. « Les bêtises du chiot interviennent le plus souvent vers 6 ou 8 mois, au moment de la séparation naturelle d'avec la mère. C'est en général le canapé qui y passe en premier, et plus généralement tout ce qui porte votre odeur, reprend Karine. Le chiot manifeste ainsi la volonté délibérée de punir son maître. Ce n'est qu'après la fin de sa crise d'adolescence, entre 12 et 24 mois, qu'on peut le laisser aller plus librement dans la maison en l'absence de ses maîtres. »

« Énergique, il peut néanmoins se résoudre à plus d'oisiveté, à une seule condition : il lui faut de la compagnie. »

Point de vue de pro

Les conseils de Joseph Ortega, éthologue, créateur de l'École du chiot (ecole-du-chiot.fr).

« Ce n'est pas un copain ! »

Pour comprendre le golden, il faut savoir qu'à la base, son travail est d'attendre au pied de son maître le signal pour aller chercher le gibier. C'est donc un chien peu autonome, très attaché à l'humain, voire collant ! C'est un chien qui s'éduque, bien sûr, mais par le jeu et dans la joie. Un maître violent aura bien du mal à se faire entendre. Avec lui, il faut prendre son temps et répéter. Comme on a affaire à un chien excessivement gentil, certains maîtres ont tendance à lui laisser prendre la place du dominant. Mais le golden n'est pas en mesure d'assumer ce rôle naturellement. Cette situation entraîne alors parfois une déviance de comportement qui peut conduire à la morsure. Et malgré sa capacité de tolérance immense, il a quand même de bien grandes dents ! Voilà à quoi s'exposent ceux qui n'ont jamais dit « Non ! ». Il ne faut pas se méprendre, même si c'est le chien le plus gentil du monde, ce n'est pas un copain : il faut l'éduquer, avec beaucoup de patience et pas mal de fermeté. »

Question cohabitation

Super copain ou chasseur impitoyable ? On le prétend particulièrement sociable, mais quel type de relation le golden entretient-il avec tous ceux qui gravitent dans son univers, des enfants au chat de la maison, en passant par certains animaux sauvages ou domestiques ?

Avec son maître

Dans les années 1980, un magazine cynophile avait classé le golden parmi les 10 races les meilleures gardiennes... À une nuance près, le golden est certainement très consciencieux dans la défense rapprochée de son maître, mais n'étant pas vraiment attaché à son territoire, ses compétences de gardien s'arrêtent là. Excessivement sociable de nature, il a en effet tendance à suivre celui qui le récompense d'une caresse, même le premier venu. Si un cambrioleur s'introduit dans la maison, il aboiera histoire de prévenir, mais sans en faire davantage. Un gros avertisseur mais pas un molosse ! Un couple a fait les frais de ce tempérament excessivement jovial. « En pleine nuit, nous avons entendu notre chien aboyer et l'avons sommé de se taire, ce

qu'il a fait. Mais inquiets, nous avons fini par descendre au rez-de-chaussée. Des cambrioleurs étaient en train de vider notre salon et il les regardait placidement en battant de la queue ! »

Trouver un patron

On pourrait penser qu'à aimer tout le monde, le golden n'aime personne en particulier. C'est faux ! Il est le chien d'un seul maître et pour trouver le bon, fait preuve d'une réelle stratégie. Lorsqu'il arrive dans une famille, il en évalue chaque membre. Après examen, il finit par jeter son dévolu sur celui qui deviendra son « patron ». Apparemment jamais celui auquel on pense, parfois même un très jeune enfant. Mais attention, la personne qu'il préfère n'est pas forcément celle à qui il obéit. Et lorsqu'il aime, il ne compte pas ! Une vraie glue, un attachement parfois excessif, un peu débordant...

Avec les enfants

On accuse parfois le golden, comme le labrador, d'être

Amoureux transi

Chantal Charlot, présidente de l'AAGR (Amicale des amateurs de golden retrievers), confie deux anecdotes à ce sujet. « L'un de mes chiens a porté son choix sur mon fils, qui est parti étudier très loin de chez nous. Lorsqu'il téléphone, le chien se précipite sur le combiné, et lorsque mon fils vient nous rendre visite, il se met à battre de la queue un kilomètre avant que la voiture ne s'arrête dans la cour ! Quant à mon premier chien, il avait choisi mon mari pour maître. Une fois, ce dernier est parti à Atlanta. Le chien a refusé de manger et a perdu plusieurs kilos. Et puis un jour mon mari a appelé et j'ai mis le haut parleur par erreur. Il a entendu la voix de son maître et s'est précipité sur sa gamelle. Par la suite, nous avons procédé de la même façon à chaque déplacement longue distance. Mon époux téléphonait tous les jours pour faire manger le chien. Sympa avec le décalage horaire ! »

mordeur, en particulier avec les enfants. Souvent, ces tristes habitudes sont à mettre sur le compte des croisements (avec berger allemand, rottweiller...), avec des incidences impossibles à maîtriser sur le caractère. À l'inverse, le standard de la race prend le soin de sélectionner des animaux « bien dans leur tête ». Même si l'on est jamais à l'abri de quelques dérives, dues en particulier au manque d'éducation, le golden se montre particulièrement conciliant avec les enfants... jusqu'à un certain point, dicté par le bon sens et le respect de l'animal : évitez que les enfants ne viennent patauger dans sa gamelle, n'investissent son espace, ne mettent leurs doigts dans ses yeux ou ne lui tirent la queue... Même dans de telles circonstances, le golden fait preuve d'un flegme à toute épreuve. Sa patience est légendaire. Généralement, il se déplace pour échapper au harcèlement ou lance un grognement de mécontentement. De l'avis de ses maîtres, il ne mord jamais sans sommation. « La première fois que ma fille a marché, elle s'était accrochée à la queue de notre golden, raconte Chantal. » Expert en youpala, voilà qui manquait sur son CV !

Avec les autres animaux

Avec les chiens. Malgré sa grande taille qui pourrait en intimider plus d'un, le golden se montre plutôt sympathique avec ses congénères. Au point de se lancer sur le premier canidé rencontré avec un enthousiasme parfois excessif ! Joueur, amical, un peu collant... Si, en face de lui, la réponse n'est pas appropriée, il se couche en attendant que la colère passe. S'il est vraiment dominant, il consent à se défendre. Mais de l'avis de ses adeptes, il n'engagera jamais la bagarre volontairement. Pour éviter de telles situations, mieux vaut l'éduquer correctement au rappel et ce dès ses premières semaines.

« Le golden se montre particulièrement conciliant avec les enfants. »

◆ **Avec les chats.** Attitude en général totalement positive avec le chat de la maison. Il le laisse se lover entre ses pattes, le submerge de léchouilles et de câlins. Mais gare au chat du voisin... Le chasseur peut parfois rependre du service et se lancer à la poursuite des félins qui pénètrent sur sa propriété. Le standard ne s'étant pas vraiment penché sur la relation golden-matou, il n'y a cependant aucune théorie ou certitude en la matière, juste des expériences !

◆ **Avec les animaux domestiques.** Si votre golden galope derrière un troupeau de moutons, pas d'affolement ! Une bonne dose de stress pour le ruminant, mais pas de risque vital. Certes, la situation est plutôt déplaisante (d'où la nécessité de maîtriser une fois encore la notion de rappel), mais, à priori, le golden ne s'en prend pas aux animaux qui peuplent les prés.

◆ **Avec le gibier.** Dans ce domaine, chaud devant ! Si votre golden croise la piste d'un chevreuil, prenez votre mal en patience... Tempérament de chasseur ne saurait faillir ! Avec un dévouement instinctif, le brave ramène le gibier, parfois blessé mais toujours vivant. Le golden n'est pas un tueur et d'ailleurs, lors des concours de travail, le chien est éliminé s'il tue sa proie.

Côté santé

La dysplasie des hanches ou du coude

La race est confrontée à la dysplasie des hanches ou du coude. Pour limiter son apparition, les éleveurs recommandés s'emploient à sélectionner des reproducteurs exempts de ce type de problème. Une alimentation carencée ou au contraire surdosée en calcium et des exercices trop importants lors de la croissance peuvent malgré tout entraîner ce type de pathologie. La dysplasie, qui touche la plupart des races de grands chiens, est un effritement du cartilage qui peut évoluer vers de l'arthrose puis une boiterie. La dysplasie du coude touche surtout les jeunes chiens et celle des hanches apparaît vers 4 ou 5 ans. Quels sont les symptômes de la dysplasie des hanches ? Un chien qui marche normalement en balade mais qui, une fois à froid, à du mal à se lever. La prescription d'anti-inflammatoires permet de soulager le chien, mais dans certains cas, il faut envisager une prothèse de hanches ou une exérèse (ablation) de la tête fémorale, un peu moins coûteuse.

La leptospirose

Le golden ne développe pas de maladie particulière, mais compte tenu de son goût immodéré pour l'eau, il est préférable de le vacciner une fois par an ou tous les six mois contre la leptospirose (maladie contractée dans les marais et les rivières).

L'ostéochondrose

Le golden peut aussi souffrir d'ostéochondrose, une affection commune à tous les chiens à croissance rapide et qui engendre des faiblesses au niveau du coude. Ce problème surgit en général en cours de croissance, lorsque cet os très fin reçoit un choc ou se casse, ce qui engendre une inflammation. Il est donc important d'éviter certains mouvements : sauter au moment du lancer de balle (si on lance la balle, il doit attendre qu'elle s'arrête pour aller la chercher), sauter des obstacles trop jeune ou retomber lourdement sur le sol en faisant la fête à son maître ! Des excès interdits jusqu'à 10 ou 12 mois, avant que le cartilage de conjugaison ne soit remplacé par de l'os. Il ne faut pas pour autant le laisser scotché sur le tapis, car un chien démusclé risque aussi de casser ! Il s'agit de trouver un juste équilibre : pas plus de 20 minutes de sport par jour (natation ou course) en période de croissance. L'ostéochondrose s'opère au moment où elle survient (vers 6 ou 7 mois), mais avec le risque de laisser un chien boiteux à vie.

Les tares oculaires

Le golden peut également être affecté par deux tares oculaires : la cataracte juvénile (opacification du cristallin qui apparaît entre 1 et 3 ans et l'atrophie progressive de la rétine (APR), qui peuvent toutes deux conduire à la cécité. Cette atrophie de la rétine n'apparaît généralement qu'à partir de 5 ans. Ces affections peuvent être dépistées par des analyses renouvelées tous les ans par des ophtalmologistes canins agréées par le Conseil de l'ordre des vétérinaires et la Société centrale canine. Passé 7 ans, plus de risque ! Malheureusement, il n'y a guère de traitement : des collyres qui peuvent limiter l'aggravation ou une opération avec des résultats touts à fait aléatoires.

Important

Dernier point sanitaire important : pour limiter les risques d'otite ou de gale, ses oreilles tombantes imposent des précautions particulières, notamment un nettoyage hebdomadaire avec de l'eau. Enfin, gare à ceux qui désirent mettre leur femelle à la reproduction, car cette race s'avère plutôt prolifique : 7 ou 8 chiots en moyenne par portée, mais souvent davantage.

Point de vue de véto

En matière de santé, quelles sont les maladies, tares héréditaires ou points faibles qui affectent plus particulièrement le golden ?

« Pas un patient compliqué ! »

« Le golden est le compagnon rustique par excellence ! Évidemment, la dysplasie, même si elle est en principe limitée par la sélection, continue de poser quelques problèmes. Alors pour éviter les risques, mieux vaut limiter les exercices chez le jeune chiot. Un golden de 3 mois, par exemple, n'est pas capable de faire une balade de 5 km. C'est pareil pour les chasseurs : si, au cours d'une sortie, le chiot s'assied sur son derrière, mieux vaut ne pas insister ! Il y a également un point important à ne pas négliger, c'est la tendance à l'embonpoint, même si elle s'avère moins flagrante que chez le labrador, qui est construit « en tonneau ». Le golden d'aujourd'hui est plus souvent sur les coussins qu'à la chasse. Une fâcheuse évolution qui vaut d'ailleurs pour toutes les races ! Alors gare à son régime alimentaire... À tout point de vue, car le golden a tendance à avaler n'importe quoi, des bouteilles en plastique ou des morceaux de bois, ce qui peut entraîner des risque d'occlusion qu'il faut alors opérer. Moi qui suis aussi propriétaire de cinq bouledogues français, je peux vous dire qu'en matière de santé, le golden n'est vraiment pas un patient compliqué ! »

Côté beauté

Le golden n'est pas forcément un habitué des salons de beauté, mais pour autant, son tempérament très « plein air » impose quelques soins à ne pas négliger.

Le golden est avant tout réputé pour sa robe abondante et soyeuse. Particulièrement esthétique, son poil avait, à l'origine, une fonction plus pratique : le protéger du froid lors de ses longues escapades dans les marais. Un héritage séduisant, mais qui suppose quelques précautions, à commencer par un brossage régulier (une fois par semaine), surtout en période de mue. Attention à ne pas utiliser une étrille en fer trop agressive, sous peine d'enlever le sous-poil (la présence de ce dernier est nécessaire lors des tests de confirmation). Il joue par ailleurs un rôle essentiel pour protéger la peau, qui n'est ainsi jamais complètement mouillée lors des séjours dans l'eau. Un sous-poil arraché ne repousse pas !

Inutile d'abuser des bains et des shampoings (au maximum deux fois par an). Son poil rustique, forgé dans l'eau et la boue, est capable d'éliminer seul les impuretés ! Néanmoins, après une balade un peu salissante, il est tout de même conseillé de rincer le poil à l'eau claire. Un coup de jet et le voilà propre comme un sou neuf.

Le toilettage à proprement parler reste l'apanage des chiens destinés aux expositions. Mais un soin de base (un toilettage avec inspection générale tous les trois mois) reste néanmoins nécessaire pour conserver la qualité de la robe, de la peau, des ongles, des dents et des oreilles de tout golden. Cette opération esthétique a aussi une vocation sanitaire (déceler parasites ou blessures) et même éducative (renforcer la place du maître en tant que chef de meute). Zone sensible : la queue ! Sans oublier le cou, la tête, les jarrets ou les pieds, et éventuellement la taille des ongles, qui ont parfois bien du mal à s'user en ne fréquentant qu'herbe et moquette...

Alimentation

Que mettre dans son assiette ? Carnivore vorace ou omnivore à appétit modéré ? Voici un menu façon golden !

Il a beau appartenir à la famille des Canidés, le golden n'est pas exclusivement carnivore et a besoin de substances végétales, mais aussi de vitamines, de glucides et de minéraux, pour stimuler à long terme ses fonctions corporelles. Un omnivore, comme son maître ! À l'occasion, il mâchonne quelques brins d'herbe pour se purger. Il possède également un appareil digestif relativement petit, ainsi que des sucs gastriques (enzymes) très spécifiques. Ces particularités doivent inciter son maître à choisir des aliments hautement digestes.

Le golden est un grand gourmand, mais rendu sédentaire, il manifeste parfois une tendance à l'embonpoint. Il ne doit surtout pas devenir le maître du frigo ! Il est donc important d'adapter son alimentation à son rythme de vie. Certains éleveurs conseillent une ration quotidienne (à diviser en deux repas), composée de 350 g de viande, de préférence blanche, de 250 g de glucides (pâtes, riz...) et de 250 g de légumes cuits, agrémentés d'un peu de fromage blanc, de germe de blé et d'une cuillère à soupe d'huile. Tous les autres préconisent les croquettes sèches de haute qualité.

En cas de prise de poids, certains aliments light (qui occupent plus de place dans l'estomac), assortis de programmes minceur élaborés par le vétérinaire, permettent de juguler l'embonpoint. Dans tous les cas, vers 8 ou 9 ans, il convient de passer à une alimentation moins énergétique.

Le budget alimentation du golden s'avère relativement conséquent. L'Amicale des amateurs de golden retriever a chiffré ce budget à 500 € par an, soit 6 000 € tout au long de sa vie. Il est vrai qu'avec un chien avoisinant les 40 kg, on est bien loin de la ration chihuahua !

En vieillissant

Longévité, précautions, alimentation, caractère... Comment le golden évolue-t-il avec l'âge ?

Le golden retriever a une espérance de vie de 12 à 14 ans. Avec l'âge, il ne connaît pas d'évolution majeure, aussi bien au niveau du physique que du caractère, même si vers 7 ou 8 ans déjà, certains sujets peuvent se laisser aller à un comportement très flegmatique. Le golden devient peut-être plus indépendant, mettant à profit une surdité naissante pour sélectionner les ordres auxquels il consent à répondre. L'intelligence de l'âge ! Quelques précautions néanmoins... Comme pour toutes les races, une alimentation de qualité et un bon suivi médical (renforcé au-delà de 8 ans) permettent de prolonger la durée et la qualité de la vie. Car l'excès alimentaire peut, une fois encore, rogner considérablement l'espérance de vie : une diminution de la ration s'impose, ainsi qu'une réorganisation des aliments, et notamment un apport supplémentaire en protéines et des compléments vitaminés. Il ne faut pas non plus négliger l'exercice, même si l'oisif affiche une grande détermination à rester vautré sur le tapis. Bien pris en main, avec de bonnes habitudes alimentaires et physiques, il n'est pas rare de croiser des seniors de 14 ou 15 ans encore très dynamiques !

« Avec l'âge, il ne connaît pas d'évolution majeure. »

Côté pratique

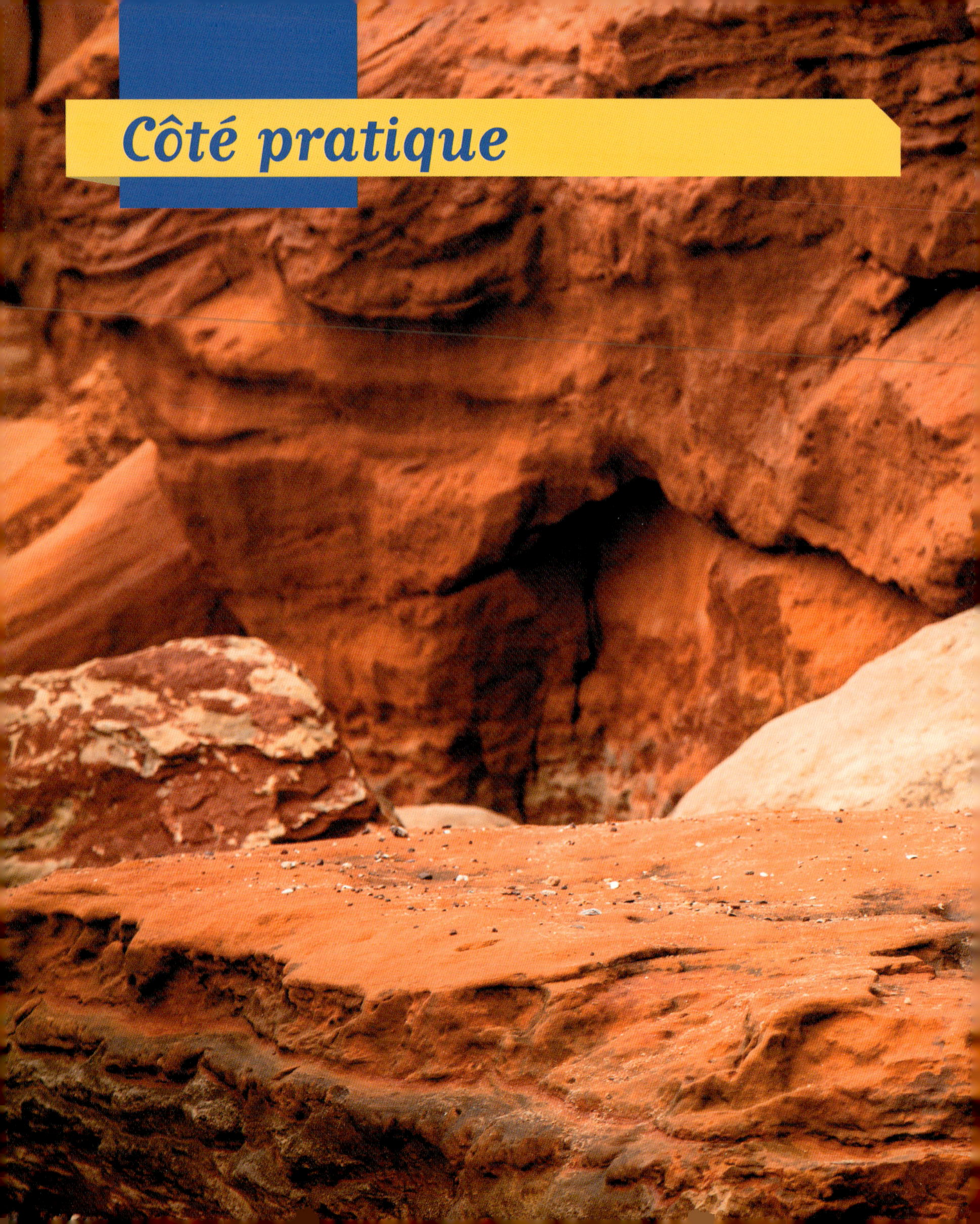

Loi & règlement

En matière de réglementation, aucune loi particulière ne s'applique au golden. Mais au moment de l'achat, quelques précautions s'imposent néanmoins...

◆ Lors de l'achat d'un chiot de race, le vendeur doit vous fournir les documents suivants :

– L'attestation de vente ou facture mentionnant : la date de la vente. Les coordonnées de l'éleveur et les vôtres. Le sexe et la race du chiot, sa couleur et sa variété (poil long, court, moyen, etc.). Son nom. Sa date de naissance, son numéro de tatouage, ou de transpondeur, son numéro d'inscription au Livre des origines français (LOF) ou le numéro du dossier de la déclaration de portée auprès de la Société centrale canine (SCC). Les noms et numéros de pedigree des parents. Le prix de la vente et le mode de règlement. L'âge minimum pour sa confirmation. Le nom du vétérinaire du vendeur et du vôtre. Les conditions particulières de la vente. Les signatures de chacun des contractants.

– La carte de tatouage ou la carte d'identification électronique.

– Le certificat vétérinaire avant cession.

– Le certificat de naissance (ou pedigree provisoire) s'il s'agit d'un chiot ou si le chien n'a pas passé l'examen de confirmation ou le pedigree définitif s'il s'agit d'un chien adulte qui a été confirmé.

– Un document d'information donnant des conseils sur le chien et ses besoins, des conseils de santé et sur l'éducation.

– Le carnet de santé ou le passeport européen portant mention de la primovaccination effectuée par un vétérinaire (et du rappel pour les chiots de plus de trois mois).

◆ Au moment de l'achat, le vendeur doit produire un certificat de contrôle de dépistage de la dysplasie et des tares oculaires fait sur les deux parents. Si le contrôle s'avère négatif, l'acheteur ne peut se retourner contre le vendeur en cas d'apparition de ces tares. Ces contrôles ne signifient pas pour autant que le chien en sera exempt, puisqu'on considère, par exemple, que la présence de la dysplasie provient : à 20 % de l'hérédité, à 30 % des méthodes d'élevage et à 50 % du mode de vie imposé par les propriétaires (chien trop gros, pas assez ou trop d'exercice...).

◆ Les goldens vendus ont parfois le « type golden » mais sans être inscrits au LOF (Livre des origines français). Et partant du principe que 40 % des non-confirmations sont liées à des problèmes de caractère (chiens agressifs), mieux vaut rester prudent et s'adresser à des élevages recommandés. Le LOF n'est donc pas forcément une question de snobisme, mais avant tout un label de qualité, tant en matière de physique que de mental.

Acheter

Plus que le coût d'achat, c'est l'entretien qui suppose un budget conséquent pour ce chien rustique… mais gourmand !

L'Amicale des amateurs de golden retrievers ne s'est pas contentée d'afficher la facture à l'achat. Sur son site, rubrique « Le coût d'un golden », elle dresse une liste relativement exhaustive des dépenses auxquelles seront soumis les maîtres pendant toute la vie de leur chien. Au final, après 12 ans de complicité, la facture s'avère plutôt salée : 9 300 €, soit 750 € par an !

Pour ceux qui souhaitent malgré tout poursuivre cette aventure, voici une fourchette de prix donnée par l'AAGR.

– Entre 150 et 450 € : chiens de « type » golden vendus par des particuliers, le plus souvent non confirmés et sans certificat de naissance.

– Entre 450 et 750 € : vendus par des éleveurs multiraces ou des particuliers, le plus souvent avec LOF.

– Entre 750 et 1 000 € : la gamme de prix la plus souvent pratiquée. Attention aux animaleries qui proposent parfois des chiens sans pedigree, venant principalement des pays de l'Est.

– Plus de 1 000 € : chien vendu par un éleveur qui utilise systématiquement des reproducteurs conformes (contrôle des hanches, des yeux et du caractère), voire des champions.

Vous recherchez un chiot ? Les sites du Retriever club de France et de l'AAGR proposent des chiots à la vente, nés de parents contrôlés pour la dysplasie et les tares oculaires. Les annonces restent en ligne pendant quatre mois et proposent les coordonnées complètes de l'éleveur. Rubrique « Informations » puis cliquer sur « Golden » pour le RCF. Rubrique « Portées recommandées » pour l'AAGR. En outre, l'AAGR propose sur son site des chiens à replacer (rubrique « Un golden à replacer »), souvent pour des sommes modiques.

Les grands rendez-vous

Pour qui souhaite admirer le golden dans le feu de l'action, les associations et les éleveurs rivalisent d'idées de rendez-vous et de concours pour mettre en valeur la polyvalence de leur race fétiche. Voici les grands rendez-vous made for golden !

Partant du principe qu'il sait à peu près tout faire, le vaste potentiel du golden est le prétexte à de nombreuses démonstrations : chasse, agility, sauvetage... Le calendrier de toutes les manifestations et concours (en particulier les régionales d'élevage) impliquant la race est disponible sur le site www.retrieverclubdefrance.com, à « Exposition », ainsi que sur www.goldenretrieverfrance.com/expos.

◆ **La Nationale d'élevage (concours de beauté)** se tient chaque année à Sully-sur-Loire, en septembre. C'est le rendez-vous annuel officiel des six races de retrievers. Des concours de beauté nationaux ou internationaux ont par ailleurs lieu tous les week-ends tout au long de l'année.

◆ **Finale nationale de field trials (en novembre) :** épreuves destinées à sélectionner les meilleurs reproducteurs pour la chasse. La Coupe de France, organisée par le Retriever club de France, a lieu tous les ans en fin d'année et rassemble les six races de retrievers. www.retrieverclubdefrance.com, rubrique « Travail ». Des field trials sont organisés tous les week-ends en période de chasse.

◆ **Grand Week-End Golden GWG06.** Chaque année, en juin, ce sympathique week-end organisé par l'AAGR réunit près de 70 propriétaires et propose une multitude d'animations ludiques qui mettent en valeur les qualités du golden au travers de tests plutôt insolites : mener un chien en laisse en portant un œuf dans une cuillère, reconnaître son golden les yeux bandés ou participer à un match de golden-volley. www.goldenretriever-france.com

◆ Jusqu'en 2004, le Retriever club de France avait mis en place un Baby & Vétéran Show pour juger les chiots à partir de 3 mois puisque, dans les expos canines classiques, seuls les chiens de 6 à 9 mois pouvaient être inscrits (classe puppy). Mais les régionales d'élevage prennent désormais en compte cette catégorie d'âge (à partir de 3 mois).

◆ **Liste plus complète de tous les événements cynophiles** en France (expo, manif, concours) sur www.cedia.fr.

◆ **Le Championnat de France** est le rendez-vous canin par excellence, puisqu'il rassemble les champions de toutes les races. Il a lieu généralement le deuxième week-end de juin.

◆ Chaque année, le golden remet également sa notoriété en jeu à l'occasion du **Salon de l'agriculture de Paris** (début mars), lors du concours agricole, section canine, qui met en lice les champions récompensés lors des nationales d'élevage. Un spectacle haut en couleurs qui fait le bonheur du grand public ! www.salon-agriculture.com.

Contacts

Retriever club de France (RCF, club officiel qui gère le standard de la race)
Président : Jacques Monsçavoir
44, rue Jean-Borderel
95100 Argenteuil
Tél. : 01 39 61 79 18
www.retrieverclubdefrance.com

Amicale des amateurs de golden retriever (AAGR)
Présidente : Chantal Charlot
Mail : chantalcharlotaagr@yahoo.fr

Société centrale canine
155, avenue Jean-Jaurès
93535 Aubervilliers Cedex
Tél. : 01 49 37 54 00
www.scc.asso.fr

SPA
39, boulevard Berthier
75017 Paris
Tél. : 01 43 80 40 66
infos@spa.asso.fr
www.spa.asso.fr

Crédits photographiques

Emmanuelle Dal'Secco : 33. **Collection particulière :** 32, 34, 35. **Cogis –** Miriski : 18. **Shutterstock.com –** 135pixels : 50, 51 ; Andresr : 45, 52, 64 ; Annette Shaff : 6, 29, 41 ; c.byatt.norman : 15 h ; Dan Kosmayer : 63 ; Dasha Petrenko : 60-61 ; dezi : 15 b, 43 ; framsook : 38 ; Fredrick Corey Chestnut : 39 h ; Gelpi JM : 10, 11 h ; Helle : 9 ; In Green : 47 ; Jagodka : 48 b ; Jeff Wasserman : 16-17 ; Joop Snijder Photography : 13 d, 13 g, 26, 40, 42, 49, 56-57 ; Lemonakis Antonis : 30-31 ; Linn Currie : 21, 28 ; Lukashenko Alena : 19, 36 ; mariait : 37 ; Mat Hayward : 53, 54 ; Mikkel Bigandt : 55 ; Monkey Business Images : 27 ; Neftali : 24 ; Olimpik : 46 ; otsphoto : 6-7, 14, 20 ; Paul Cotney : 39 b ; Petr Jilek : 4, 8, 12, 44, 59 ; Raywoo : 48 h ; Tatyana Vyc : 25 ; USBFCO : 11 b ; Volodymyr Burdiak : 22-23.